Lightning Source UK Ltd.
Milton Keynes UK
UKHW020733090220
358422UK00009B/519

9 781999 424831